L'EUROPE EN 1900

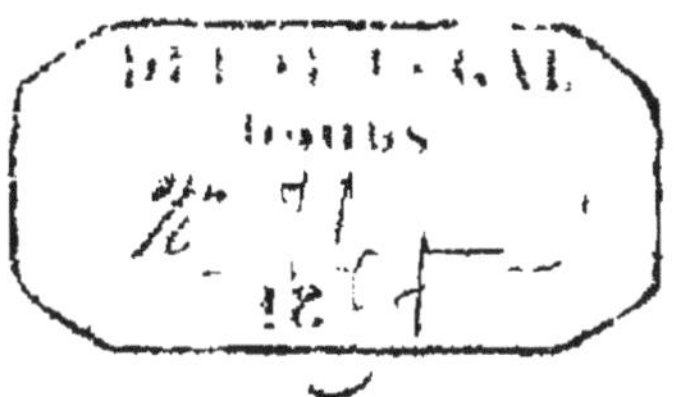

Si faible que soit l'espérance de servir les intérêts de l'humanité, au nom de la raison et de l'histoire, il ne saurait être reproché à personne de le tenter.

PRIX : 0 FR. 50 CENT.

PARIS

NOUVELLE LIBRAIRIE PARISIENNE

ALBERT SAVINE, ÉDITEUR

L GRASILIER, SUCC\(^r\)

12, RUE DES PYRAMIDES, 12

L'EUROPE EN 1900

BESANÇON — IMPRIMERIE HENRI BOSSANNE

L'EUROPE EN 1900

*Si faible que soit l'esperance
de servir les interêts de l'hu-
manite, au nom de la raison et
de l'histoire, il ne saurait être
reproche a personne de le tenter*

PARIS

NOUVELLE LIBRAIRIE PARISIENNE

ALBERT SAVINE, EDITEUR

L GRASILIER, SUCC^r

12, RUE DES PYRAMIDES, 12

L'EUROPE EN 1900

La carte de l'Europe

Jetez les yeux sur un globe ou sur une carte du monde, vous voyez dans la vaste étendue des mers deux grands continents, l'un formé de deux presqu'îles dont l'une constitue les Etats-Unis, l'autre de trois presqu'îles, deux d'entre elles, l'Europe et l'Asie, sont puissamment soudées l'une a l'autre, la troisième, l'Afrique, est à peine reliée à la seconde.

C'est en Europe que les plus récentes civilisations se sont developpées, c'est l'influence des puissances du continent europeen qui est aujourd'hui prépondérante dans le monde, bien que balancee par celle de l'Angleterre avec ses immenses colonies et par celle des Etats-Unis.

S'il en est ainsi c'est que, a part la Suisse, toutes les puissances européennes ont accès a la mer et que le développement considérable des côtes a facilité a presque toutes, a telle ou telle époque de l'histoire, les entreprises coloniales. La mer

enveloppe en effet l'Europe presque de toutes
parts et la pénètre, creusant ses golfes intérieurs,
sollicitant aux voyages et aux expéditions loin-
taines les populations côtières dont elle favorise
les transactions commerciales en même temps
qu'elle égalise les climats et en adoucit les va-
riations annuelles. Elle n'est rattachée à l'Asie
que par l'Oural et le Caucase.

Resserrée entre la Méditerranée et la Bal-
tique, l'Europe n'a pas de ces vastes espaces
désertiques qui isolent les diverses contrées de
l'Asie et de l'Afrique et qui sont un obstacle au
mélange des peuples. Aucune barrière sensible
ne sépare les Etats qui la constituent. Elle
semble faite pour une fédération laissant a chacun de ses éléments son génie propre, le libre
développement de la richesse de son sol et assurant la neutralité des mers indispensable a
ses relations extérieures. La repartition des
montagnes qui alimentent le réseau de ses
fleuves le distribue pour la plus grande facilité
des communications intérieures devenues plus
rapides par les voies ferrees qui la sillonnent en
tous sens.

Si la carte accuse les reliefs, elle ne révele pas
les différences profondes résultant d'une civilisation inégale. Tandis que, sans armée, les Etats-
Unis font des pas de géant vers leur développement industriel et commercial ; tandis que, sans
armée. l'Angleterre a d'immenses ateliers chez

elle et des marchés partout, l'Europe continentale, pays du génie sous toutes ses formes, de l'Océan à la Caspienne, regorge de produits inécoulés, stérilise ses forces vives et ses énormes ressources dans de formidables armements inutiles à l'expansion de son commerce dans le reste du monde.

La civilisation égyptienne apportée d'Asie, en envahissant successivement la Grèce et Rome, a introduit par la conquête romaine dans l'Europe occidentale les vieilles et fortes institutions qui servent encore de base à la constitution de la société moderne.

Ce que Rome avait fait pour l'Occident, Byzance l'a continué pour l'Europe orientale et au cours du moyen âge, occupants et envahisseurs se sont initiés lentement d'abord et plus rapidement dans les temps modernes au progrès d'une civilisation que l'Amérique a empruntée à l'Europe et dont elle lui dispute aujourd'hui les progrès.

A son tour l'Occident transporte à l'Orient le fruit de ses conquêtes pacifiques avec ses innombrables vaisseaux en attendant que la voie de terre ouvre à la Chine l'accès de la civilisation européenne par sa frontière occidentale.

La fusion des races.

Il est hors de doute qu'aux époques préhistoriques l'Europe a été habitée par des races primitives, sorties ou non d'une souche commune, mais façonnées par le climat, caractérisées pendant une longue période, maintenues par leur immobilité et présentant d'un bout de l'Europe à l'autre des différences notables résultant des conditions naturelles de leur développement. Une exubérance d'accroissement en un point ou tout autre cause a déterminé des mouvements de population qui ont profondément modifié les caractères ethniques des habitants des régions envahies.

Aussi est-il bien difficile, sinon impossible, de distinguer aujourd'hui les différentes races qui peuplent l'Europe et de préciser l'habitat géographique de l'une d'elles. Il parait toutefois que les races qui ont précédé les grandes migrations asiatiques qui se sont dispersées et mélangées en Europe sont actuellement représentées par les Basques, les Ligures et les Lapons.

A ces populations primitives se sont superposés les Hellènes, les Latins et les Celtes qui, remontant la vallée du Danube, atteignirent en s'égrenant la Gaule et la Grande-Bretagne. Longtemps après eux vinrent les Germains et une nouvelle couche politique pénétra les premières, principalement en Scandinavie et dans l'Allemagne moderne. Vinrent enfin les Slaves qui s'établirent en masses pressées en Russie et s'avançant jusqu'à l'Elbe et aux Alpes se fondirent avec leurs devancières.

Dans cette superposition de races déjà impures à des intervalles séculaires, la fusion incessante d'éléments si divers constitua les peuples aujourd'hui désignés sous le nom d'Italiens, de Français, de Germains, de Roumains, de Russes, etc., et un peu plus tard de Hongrois et de Turcs.

Entre Saint-Petersbourg, Paris et Rome le sang est partout le même, c'est un sang mêlé.

Les nationalités.

Où trouver dès lors en Europe une race nettement caractérisée, pouvant se prévaloir de son origine? Nous sommes réduits a admettre que ce que l'on nomme une nationalité est constitué par la langue et plus encore par le groupement politique. Et encore : la Suisse parle trois langues. Combien l'Autriche en parle-t-elle? C'est donc aux évèvements qu'il faut attribuer ce groupement et non à la différence de races. Il ne saurait être attribué à la religion puisque, sauf les Juifs, l'Europe presque entière est catholique.

La conclusion capitale sur laquelle il faut insister, c'est que la population actuelle de l'Europe n'est pas constituée par des races juxtaposées limitées aux confins des nationalités, mais par la fusion d'éléments multiples et similaires dans le creuset des temps.

Le seul caractère distinctif qui reste aujourd'hui est moins dans les aptitudes physiques ou intellectuelles de l'homme que dans la forme qu'il emploie dans l'expression de sa pensée, dans le langage. Combien nombreux sont dans toutes les langues les dialectes qui ont disparu ne laissant que des traces. Ainsi peu à peu se fusionnent les langues, comme les idées, les coutumes, les manières de se vêtir ou de s'abriter, et il est hors de doute que de mutuels emprunts de toute nature s'échangent continuellement.

Et, soit dit en passant, ce n'est pas à maintenir l'intégrité de la langue qu'on devrait s'appliquer, mais bien à y introduire les termes et les formes des langues voisines et à constituer l'homogénéité des grammaires. Ce sera, à la longue, l'œuvre du temps sans doute, malgré les résistances systématiques, mais combien plus rapide elle pourrait devenir si elle était secondée.

L'Europe aux Européens

Si donc on fait abstraction de cette différence assurément superficielle des moyens d'expression, on arrive, en constatant l'unité de religion, à reconnaître que les différences entre Russes, Français, Allemands, Espagnols résultent bien plus de l'éducation que des apti-

tudes naturelles. Et cette éducation même n'a-
t-elle pas dans ses principes une tendance à
l'uniformité? Où donc serait l'obstacle a un rap-
prochement, à un lien politique et commercial,
en un mot à un effort commun vers la pacifica-
tion et le progrès?

Il n'y a qu'un peuple en Europe. L'isolement
des Etats qui la composent n'est pas justifié et
la fédération européenne est une nécessité parce
qu'elle est le salut de l'Europe.

Et d'ailleurs qu'importe les origines des populations de l'Europe? Pour féconder les plaines
de l'Egypte faut-il rechercher les sources du
Nil ou les affluents dont il est grossi ? Le cours
des temps a étendu en Europe une nappe d'hommes qui la couvre, qu'importe son origine quand
il s'agit d'en féconder l'action ?

Tandis qu'aux Etats Unis il n'y a plus que
des Américains, pourquoi distinguer en Europe
d'autres nations que des Européens?

Une solution possible

Est-il donc impossible que la lutte pour le
progrès remplace la lutte pour la prépondérance
militaire qui, sous le prétexte d'assurer le développement de la richesse nationale, le com-
promet de plus en plus aujourd'hui? La gravité
de la question préoccupe l'Europe, elle attire
l'attention de tous les hommes qui envisagent

les conséquences de la solution qu'elle peut recevoir, elle provoque les inspirations généreuses et le courant d'opinions semble devoir faire prévaloir une solution pacifique. Il semble qu'en se plaçant assez haut en dehors des rivalités et des compétitions qui visent des intérêts hors de proportion avec les moyens employés pour tenter de les satisfaire, on peut arriver à préparer une solution pacifique qui, si elle était impuissante, ne laisserait place, après des préparatifs de guerre formidables, qu'a la plus épouvantable destruction d'hommes et de choses que l'histoire ait encore enregistrée.

Et quel en serait le résultat ? la victoire pour les uns, la défaite pour les autres, l'appauvrissement et la ruine pour tous sans pour cela créer une stabilité que la paix seule peut réaliser, et qui semble dans tous les vœux.

Le développement démesuré et sans limites des armements modernes et les conséquences terribles qu'aurait leur mise en action devaient amener la recherche des moyens pacifiques infiniment plus certains de conduire à l'équilibre européen et infiniment plus humains.

L'histoire et la raison

Les menaces de guerre ont plus d'une fois créé des unités nationales. On pourrait même affirmer, sans être démenti par l'histoire, que c'est généralement à l'appréhension d'un danger commun qu'ont été dues les agglomérations d'unités trop faibles pour le conjurer.

Le patriotisme peut déterminer cette union des peuples quand il reconnaît son impuissance à en maintenir l'existence isolée. Né du principe de conservation individuelle, étendu d'abord à la famille pour la défense du foyer, puis à la tribu et enfin à un groupe plus nombreux, à une nation, le patriotisme est latent dans le cœur de tout homme · le danger l'éveille et c'est le patriotisme qui inspire les mesures propres à assurer la conservation du pays soit par la paix soit par la guerre.

La menace de guerre si lourdement suspendue sur l'Europe doit amener une entente entre les divers Etats qui la composent, c'est la loi de l'histoire, c'est-à-dire de la force des choses. Le développement des idées et des aspirations suit un cours fatal qu'il faut diriger plutôt que combattre, et c'est faire œuvre patriotique entre toutes que de s'entendre pour rendre son action civilisatrice.

Ce doit être le rôle des puissants qui, dans toutes les nations, incarnent le patriotisme et auxquels appartiennent, avec le calme qu'assure la puissance, toutes les ambitions nobles et généreuses qui donnent la gloire.

La paix armée

Dans l'état actuel de l'Europe cinq grandes puissances, l'Allemagne, l'Autriche, la France, l'Italie et la Russie se sont constituées gardiennes de la paix. C'est à elles qu'il appartient, d'une part d'en supprimer les causes, d'autre part d'en garantir la durée. L'antagonisme qui les sépare les a divisées en deux groupes pour ce but commun, leur imposant les plus lourds sacrifices. Que cet antagonisme disparaisse d'abord, il ne leur restera plus qu'à assurer la paix par leur commune entente?

Qu'exige cette entente?

L'emploi de moyens infiniment moins onéreux qui, comme conséquence immédiate, permettant dans l'armement une réduction progressive immense, conduiront à appliquer toutes les ressources nationales au developpement des institutions et des travaux de la paix et a effectuer les réformes sociales progressives qui peuvent augmenter le bien-être du plus grand nombre, réformes sur lesquelles l'attention de l'Europe est partout en éveil et dont l'exécution est urgente.

Quels sont les moyens de mettre fin à un antagonisme mortel et de préparer la Ligue de la paix qui doit en garantir le maintien?

Situation politique dans l'Europe continentale

Prenons pour point de départ la situation territoriale établie à la suite de la guerre franco-allemande et du congrès de Berlin qui laisse encore incomplètement résolues quelques questions dans la péninsule des Balkans.

Dans cette situation on peut distinguer deux sortes d'éléments constitutifs, les uns dont les limites ou l'indépendance ne sont pas contestées : ce sont les plus nombreux, les autres dont les territoires font l'objet de revendications ou de convoitises et dont l'indépendance est par conséquent douteuse. Ce sont ces territoires peu étendus d'ailleurs qui sont les causes de discorde. Pesez-les impartialement, vous reconnaîtrez que la passion en a démesurément grossi l'importance.

Faut-il entasser les ruines et les cadavres pour un aussi modeste enjeu et ne peut-on trouver un arbitre ? S'adressera-t-on au chef d'une nation ? son impartialité serait contestée. Un congrès n'aboutirait pas davantage. Où est donc la solution pacifique ?

Simple consultation

Les manifestations populaires nombreuses qui se sont produites dans diverses parties de l'Europe et tout récemment encore avec un caractère de spontanéite et de généralité jusqu'ici inobservé, semblent indiquer qu'un facteur nouveau doit être introduit dans les considérations politiques, c'est à ce facteur qu'il faut demander une solution qui sauvegarderait l'amour-propre ou la dignité des puissances entre lesquelles peut exister ou existe une cause de conflit.

Ce facteur c'est le peuple.

La France n'a-t-elle pas accepté, provoqué même une consultation du peuple lors de l'annexion du comté de Nice et de la Savoie?

La solution des difficultés pendantes est dans la consultation des populations dont le territoire est contesté.

Le peuple est en effet le seul arbitre que l'évolution des idées puisse aujourd'hui admettre, le seul qui ne soit pas suspect de partialité, le seul qui puisse, par son vote, assurer une solution immédiate, ferme, stable, susceptible d'être acceptée sans froissement et d'être *garantie* par la Ligue de la paix formée par les cinq puissances.

Si les cinq puissances veulent admettre cette consultation du peuple et ses résultats, la paix de l'Europe sera assurée au prix des moindres sacrifices. En quoi consisterait cette consultation?

La population consultée aurait le choix entre la proclamation de son indépendance ou son annexion à une puissance voisine.

L'adoption de cette mesure exige la renonciation éventuelle des deux puissances rivales a la
possession du territoire conteste. Parmi les territoires qui font l'objet de difficultes entre puissances, on peut citer l'Alsace-Lorraine, le Tren-
tin, la Bohème, d'autres encore dont il y aurait
lieu d'établir la liste complète. On peut trouver
grand de part et d'autre le sacrifice exigé des
puissances intéressées par cette renonciation :
il est bien faible en regard de ceux qui ont ete
faits sans certitude de l'éviter, il est moins encore comparé à celui qu'imposerait une solution temporaire obtenue par la guerre.

Une hypothèse.

Pour se rendre compte de la situation nouvelle créée en Europe par l'acceptation de la
solution proposée, il suffit d'une hypothèse.
Imaginez que l'Alsace-Lorraine vienne à eire
engloutie dans une convulsion géologique qui
la changerait en un marais fangeux et qu'un
phénomène semblable ait fait disparaitre les
autres territoires contestés.

Figurez-vous la détente qui suivrait un pareil
cataclysme. Figurez-vous les conséquences fe-
condes de l'entente devenue possible entre les
cinq puissances.

Ce cataclysme est-il donc nécessaire pour
produire cette détente et une secousse pacifique,

un plébiscite n'amènerait-elle pas les mêmes
résultats que la secousse géologique.

La voix du peuple

Examinons en particulier la question de l'Alsace-Lorraine.

Ou bien elle proclamera son indépendance, ce
qui pour la France et l'Allemagne est bien préférable au marais fangeux.

Ce serait a la verité pour la France d'hier et
l'Allemagne d'aujourd'hui une diminution de
territoire. Mais un Etat ne saurait-il accepter
une modification de frontières imposée par la
force des choses quand elle a pour résultat indiscutable d'augmenter sa prospérité Elle diminuera, dira t on, la puissance militaire, mais
le développement national n'est pas proportionnel
a la puissance militaire dont le rôle va changer.

Combien nombreux sont les Etats prosperes
auxquels la puissance militaire fait défaut non
moins que l'étendue territoriale, et l'Alsace-Lorraine est dans les conditions actuelles une
charge énorme pour l'une et l'autre puissance.

Où bien l'Alsace-Lorraine votera son annexion a l'Allemagne, et la France subira les
conséquences de la funeste politique de l'Empire, ce qui est dans la loi du destin.

Où bien elle votera son annexion a la France,
et l'Allemagne devra se considérer comme

payée par l'indemnite de guerre du sacrifice
que lui a coûté une conquête indéfiniment one-
reuse et dont les Allemands eux-mêmes contes-
taient l'opportunité. Quant à l'amour-propre
national, il ne saurait être atteint ni d'un côté
ni de l'autre, puisque le peuple aura parlé.

Il importe de ne pas oublier que le nouvel état de
choses, consacré et garanti par la Ligue de la
paix, deviendrait définitif.

La ligue de la paix.

Cette solution étendue à *toutes les régions*,
dont l'indépendance est incertaine ferait elle
obstacle à l'équilibre européen? Il est de toute
évidence qu'elle le sauvegarderait par l'établis-
sement de la Ligue de la paix *assurant la
stabilité de toutes les frontières*. Déterminerait-
elle l'affaiblissement réel de telle ou telle puissance? bien loin de là, elle en augmenterait la
vitalité, car les premiers effets de ce te pacifica-
tion générale devraient être : — la limitation de
l'armement à une fraction de la population,- l'éta-
blissement d'une entente destinée a supprimer la
plupart des entraves au commerce intérieur et
a favoriser l'expansion coloniale,-- l'élaboration
d'un code international sur l'initiative de la Ligue
de la paix avec voix consultative de tous les Etats
européens. Le principe de ce code devrait être
celui du droit de tout être collectif a tout le dé-

veloppement que comporte sa nature et les conditions de son existence, principe généralement méconnu.

On oublie trop souvent qu'il en est des nations comme des individus, et que le droit des peuples à la conservation et au progrès entraine pour eux le devoir de ne pas entraver ce progrès chez les autres. La solidarité qu'engendrerait une fédération des Etats européens prescrirait le respect dû aux intérêts et aux moyens de développement de chacun d'eux. Parmi les mesures les plus fécondes, il faut signaler des modifications profondes au système de douanes interieures, institution barbare que nous a léguée le moyen âge et qu'a jusqu'ici maintenue, la nécessité pour chaque Etat de se procurer les ressources qu'exige le budget de la guerre abaissé à une faible fraction des revenus de l'impôt.

Une autre conséquence importante de cette fédération pourrait être la suppression de toutes les entraves à l'émigration intérieure, et une législation nouvelle sur les droits que confère la résidence hors patrie.

Il ne saurait entrer dans le cadre de cette exquisse de jeter même les bases les plus générales du nouvel état de choses créé par la suppression des difficultés existantes. C'est une œuvre qui ne peut résulter que d'une étude économique approfondie des conditions qui doivent assurer la stabilité du nouveau régime et en garantir la durée.

Toute la question est aujourd'hui d'en admettre le principe, il restera a en developper les conséquences sans qu'il soit necessaire de porter atteinte à l'autonomie politique des divers Etats constitués, ni de toucher a la forme de gouvernement, aux lois et aux coutumes etablies.

Les maîtres de l'avenir.

De qui dépend l'acceptation de la solution qui vient d'être ébauchée? Elle dépend des cinq gouvernements aujourd'hui divisés et principalement de leurs chefs

Qu'ils consentent a écouter la voix du peuple, c'est la seule qui ait autorité pour se faire entendre. Ni leur dignité, ni leur prestige n'en sera affaibli.

Et ce n'est pas seulement la voix de quelques populations qu'ils auront entendue, c'est le cri de toutes les mères, de toutes les sœurs, de tous les enfants, de ceux que la guerre immole dans ses folles hécatombes : le cri de deux cent millions d'hommes ?

Puisse l'accord souhaité au nom de la raison et de l'histoire devenir une réalité.

PUISSE LE TZAR EN PRENDRE L'INITIATIVE.

JAPHET

BESANÇON. — IMP H BOSSANNE

www.ingramcontent.com/pod-product-compliance
Ingram Content Group UK Ltd.
Pitfield, Milton Keynes, MK11 3LW, UK
UKHW020010130726
13694UKWH00005B/2206